Erfolgreich verkaufen für Unternehmer

Was Unternehmerinnen und Unternehmer

über guten Vertrieb wissen müssen

Inhaltsangabe

1. Einleitung

Vielen Dank dass Sie sich für dieses Buch entschieden haben. Ich nehme an, Sie sind selbst Unternehmerin oder Unternehmer, selbständig oder seit kurzer Zeit im Vertrieb? Die Motivation für das Schreiben dieses Buches kam aus meiner eigenen, ähnlichen Situation heraus. Verkaufen ist ein wichtiger Bestandteil unseres Alltags, aber: verkaufen ist nicht leicht und wir tun uns häufig sehr schwer damit. Ich fragte mich selbst? Warum ist das so? Vermutlich weil wir beim verkaufen unweigerlich an den typischen Versicherungsvertreter denken? Wir fühlen uns unwohl, wissen vielleicht nicht so recht was wir tun oder was wir sagen können und sind zaghaft.

Dabei gibt es eigentlich gar keinen Grund dazu, denn das Kaufen und Verkaufen ist Bestandteil unseres Lebens, Menschen handeln gerne. Wir wollen schliesslich alle gerne eine Lösung für unser Problem, ein Produkt das uns gefällt und das unseren Ansprüchen genügt. Dazu ist es aber notwendig, dass wir die Beweggründe kennen und einige Fragen stellen. Ausserdem müssen wir uns damit abfinden, dass es Übung und Ausdauer braucht, richtig zu verkaufen. Jeder Firmengründer, jeder Unternehmer muss auf die eine oder andere Art etwas verkaufen, um Umsatz zu generieren und um überleben zu können. Für manche ist es ein Produkt für andere eine Dienstleistung, wieder andere müssen vor allem sich selbst verkaufen. Auch wenn Sie es vielleicht nicht mögen, verkaufen gehört zu unserem Job und zu unserem dazu. Sobald Sie versuchen, jemandem etwas zu verkaufen, versteckt sich die andere Person hinter riesigen Mauern, mit denen sie sich gegen Ihren Versuch schützen will. Eine gewisse Abneigung gegen das Kaufen und gegen Verkäufer liegt in der Natur der Menschen, obwohl das Shopping eigentlich sehr beliebt ist. Der Unterschied ist, dass Menschen es nicht mögen, wenn jemand versucht sie zu etwas zu überzeugen, Ihnen also etwas zu verkaufen. Sehr wichtig ist der erste Kontakt, und wie der erste Anruf, die Vorstellung oder Präsentation oder die Diskussion beginnt, denn am Anfang ist der Kunde erst einmal vorsichtig und blockt von Natur aus ab. Genau das ist der Moment für Sie, um etwas Unerwartetes zu tun – und ich zeige Ihnen in diesem Buch wie das geht. Ich zeige Ihnen, anhand einfacher Beispiele, dass Sie nicht zu aufdringlich werden. Denn nur wenn Sie es schaffen, Ihre Kunden aus der defensiven Haltung zu locken, können Sie diese auch in eine Diskussion verwickeln. Das ist viel besser als ihnen einfach nur das Produkt zu verkaufen. Diskutieren Sie zusammen darüber was das Produkt ist, und nur danach über das Produkt selbst- auch hierzu gibt es Hilfestellungen in diesem Buch. Zu guter Letzt gebe ich handfeste Tools und Tipps mit an die Hand – denn wir alle wollen kleine Erfolge feiern, das motiviert uns, das brauchen wir.

Und glauben Sie mir eins: verkaufen kann Spass machen, wenn Sie wollen und nicht müssen. Wollen wir? Also los!

„Der Aufbau und die Pflege, dauerhafter, persönlicher

Geschäftsbeziehungen wird immer wichtiger. Denn im Grunde sehnen

wir uns alle nach guten Beziehungen - nur nicht mit jedem!"

Charles Schwab

2. Worum es in diesem Buch geht

In diesem Buch lernen Sie als Unternehmerin und Unternehmer erfolgreich zu verkaufen, auch wenn Sie bisher verkaufen nicht wirklich mochten. Sie erhalten eine Anleitung zum „nicht verkaufen müssen". Klingt einfach oder? Aber wenn es einfach wäre, würden Sie dieses Buch nicht lesen beziehungsweise ich müsste es nicht schreiben. Ich möchte Ihnen vor allem handfeste Erfahrungen mitgeben. Das heisst, im Buch wird betrachtet was vor während und nach dem eigentlichen Verkaufsgespräch beachtet werden muss und was uns dabei helfen könnte.

Damit wir einen kleinen theoretischen Unterbau haben, kann Ihnen folgende Aufstellung allenfalls helfen, wie ein Verkaufsprozess aussehen kann und in welche Phasen er sich gliedert. Erfahrene Unternehmerinnen und Unternehmer werden das bereits kennen – allenfalls kommt ein „aha" in Ihrem Kopf hoch oder Sie erhalten eine kleine Auffrischung. Gleichzeitig hilft es uns, dass es etwas Fleisch am Knochen zu den Phasen hat damit wir später genauer darauf eingehen können.

Was behandeln wir in diesem Buch?

Grundlagen und Grundsätze : Was funktioniert und was nicht?

PreSales: Optimale Vorbereitung, Ziele setzen, Ziele erreichen.

Sales: Brauchen wir im Verkauf Systeme, ThinkLimbic, PowerSelling, Leitfaden für ein Gespräch, Gute Gesprächseinstiege, Einwände erfolgreich behandeln.

After Sales: Erfolgreiches nachfassen, Kunden auf- und ausbauen Eigenschaften für den Verkauf, die Pipeline.

Warum sollten Sie weiterlesen? Sie erhalten praxisorientierte Tipps, die sofort einsetzbar sind. Sie können sich optimal und effizient auf das Verkaufsgespräch vorbereiten. Mit erprobten Tipps erhalten Sie Möglichkeiten, um zusätzliche Geschäfte nach dem Verkaufsgespräch generieren zu können. Sie erhalten ausserdem einen Telefon-Leitfaden für Ihre „Neukunden Akquise", welchen Sie umgehend einsetzen können und mit dem Sie auch Dank strukturiertem Sammeln von JA's die Einwände reduzieren beziehungsweise in Abschlussnähe kommen oder Verbindlichkeiten setzen können. Klingt das spannend? Haben Sie Lust und Zeit? Dann legen wir los und vergessen Sie nicht: machen Sie sich Notizen, Gedankenstützen, experimentieren Sie: denn das ist ein Arbeitsbuch.

„Im ersten Jahr habe ich genau 9 Flaschen verkauft. Nachdem ich einen

guten Verkäufer gefunden hatte wurden es ein paar mehr."

John Pemberton

(Gründer und Erfinder von Coca Cola)

3. Die kalte Akquise –warum sie nicht funktioniert

Nahezu alle Menschen machen in Ihrer Karriere mal die Erfahrung der Kaltakquisition durch, aktiv durch ein verkaufen müssen oder passiv, wenn Sie angerufen oder kontaktiert werden. Und Sie erleben dann am eigenen Leib, was wir seit Schulhoftagen am meisten fürchten: Ablehnung und Misserfolg. Warum ist das so? Nun, meistens steigen wir nach dem altbekannten (und leider schlechten) Schema F in die Kaltakquisition ein und wundern sich, warum auf keiner Seite der Leitung Begeisterung aufkommt. Oder wie Albert Einstein einst sagte „Dummheit ist, wenn man dasselbe immer wieder tut und dabei andere Ergebnisse erwartet."

Was sind solche Sätze und typische Gespräche nach Schema F in der Akquise per Telefon oder E-Mail? Zum Beispiel mein Satz von vorhin: „Haben Sie gerade kurze Zeit?" oder „Hallo Herr Frischknecht! Wir sind ein führender Anbieter im Bereich..." beziehungsweise „Ich wollte mal fragen, ob die Möglichkeit besteht, sich vorzustellen..." warum sie nicht funktionieren? Weil der Angerufene in diesem Kontext gleich denkt „Na toll, da will mir jemand was aufschwatzen." Und Sie auf der anderen Seite des Telefons denken: na so macht Kaltakquise keinen Spass.

Aus diesem Grund ist es umso wichtiger, dass Sie sich etwas einfallen lassen, damit es Ihnen gelingt, mit Ihren Kunden zu kommunizieren.

Zwar müssen Sie Ihren Kunden wirklich gut und überzeugend erklären,

was Sie ihnen anbieten und warum der Kunde von diesem Produkt oder

von dieser Dienstleistung profitiert, damit Ihnen das aber auch gelingt,

müssen Sie Clichés vermeiden und trotzdem sicher auftreten. Wenn ihre

Kunden spüren dass sie in einer Verkaufssituation sind, werden sie sich

direkt, wenn auch vielleicht unterbewusst, wehren. Deshalb ist es

wichtig, dass Sie sich so benehmen, dass Ihre Kunden aus den Clichés

herauskommen. Sie müssen sie also überraschen, um sie aus ihren

Mauern zu locken und erfolgreich zum Verkauf zu gelangen. Verzichten

Sie auch auf sonstiges formelles Benehmen, aber achten Sie trotzdem

darauf, nicht zu lässig oder gar lächerlich auf den Kunden zu wirken. Es

geht darum, eine passende Balance zwischen dem Neuen und dem

Gewohnten zu finden.

Viele von Ihnen denken, ich sende mal eine Mail und dann kommt schon

was zurück. Nur Hand aufs Herz: wie viele E-Mails erhalten Sie am Tag?

E-Mail ist etwas für Feiglinge. Denn Sie wollen nicht das direkte

Feedback. Lieber nichts hören und sagen „ich hab es probiert" als eine

Emotion erhalten. Eine Emotion aber brauchen Sie. Und das ist

einfacher im Gespräch: Sie können dort eine Verbindung aufbauen über

ein Telefon, oder auch vor Ort zum Beispiel auf Ihre PowerPoint verzichten und auch auf Ihre Dokumente und sonstige Materialien, mit denen Sie für gewöhnlich versuchen Ihren Kunden etwas zu verkaufen.

Sie müssen dafür sorgen, dass im ersten Kontakt nicht technischer Firlefanz, sondern der Mensch im Vordergrund steht. Und Sie müssen austesten: will er oder Sie überhaupt? Was kommt an beim Kunden und wie hat er oder sie allenfalls Interesse? Das können Sie herausfinden. Indem Sie überraschend neue, andere Wege gehen, den Kunden und das gemeinsame Gespräch in den Mittelpunkt stellen – und eben nicht sich selbst und Ihr Angebot – werden Sie sich erfrischend von allen anderen Anrufern abheben. Sie brechen das Muster in der Wahrnehmung der Kunden. Denn der Angerufene merkt: da hat einer echtes Interesse an mir und der für mich besten Lösung. Er wird denken „Ah, das klingt interessant, das hör ich mir an."

Was nehmen Sie mit aus diesem Kapitel?

- Wenn Sie andere Ergebnisse wollen, müssen Sie etwas anders machen.

- Versuchen Sie nicht in alte Muster zu verfallen, probieren Sie neue Taktiken aus und beobachten Sie.

- Sie müssen nicht abschliessen beim anrufen oder ersten Kontakt, aber einen Schritt weiter kommen.

„Gute Verkäufer wissen, dass sie nicht alles wissen, sie lassen den

Kunden wissen, dass er auch etwas weiss."

Heinz Goldmann

4. Grundsätze im Verkauf: wie kann verkaufen funktionieren?

Voraussetzung 1: Sie müssen wollen

Fragen Sie sich zuerst einmal: Was könnte mir an der Akquise aufrichtig gefallen? Denn es gilt das Motto: Lächeln, man spürt es! Begrüssen Sie den Kunden persönlich, mit seinem Namen. Achten Sie zudem auch auf eine klare Aussprache. Suchen und nutzen Sie die Gemeinsamkeiten zwischen Ihnen und Ihren Kunden und zeigen Sie ihm stets ein echtes und aufrichtiges Interesse. Schenken Sie dem Kunden immer 100% Aufmerksamkeit. Lassen Sie sich nicht ablenken. Denken Sie immer daran: der erfolgreiche Abschluss des Verkaufs beginnt mit der professionellen Vorbereitung. Es gilt die Maxime; so viel wie nötig, so wenig wie möglich.

Voraussetzung 2: Sie müssen ein Ziel haben

Stellen Sie sich stets die Frage "Was ist mein Ziel? Etwas zu verkaufen oder ein Termin?" Habe ich genügend Informationen um das Ziel klar zu bestimmen. Wenn Sie zu wenig Informationen haben, machen Sie sich ein paar Notizen zu den nachfolgenden Punkten, diese helfen Ihnen auch, sich mental besser aufs Gespräch vorzubereiten und das wird man Ihnen anmerken, an der Stimme und Ihrer Fragetechnik.

Voraussetzung 3: Machen Sie Ihre Hausaufgaben

Machen Sie sich zu den folgenden Punkten Gedanken und Notizen –
seien Sie vorbereitet. Ihr Gegenüber soll verstehen, dass Sie Interesse
haben an ihm und nicht am reinen Verkauf. Es geht um eine Beziehung.
Und auch wenn Sie anfangs von zehn Anrufen acht Absagen erhalten,
behandeln Sie alle Kontakte gleich.

- Wen beziehungsweise wo rufe ich an?
- Wer ist meine Zielperson?
- Geschäftsmodell und Branche?
- Aktuelle Branchen-Trends?
- Ansatzpunkte fürs Geschäft aus der Zeitung?
- Interner Entscheidungsprozess bekannt? Oder zum rausfinden?
- Habe ich eine eigene Referenz in der Branche?
- Information zur Zielperson und vor allem Gemeinsamkeiten mit dem Unternehmen beziehungsweise der Person?

Voraussetzung 4: Evaluieren Sie und werden Sie besser

Führen Sie eine Liste mit den Dingen, die Ihnen liegen und funktionieren
und seien Sie kritisch. Seien Sie darauf konzentriert, besser zu werden
bei Ihren Fragen und was Ihnen gefällt und was gut geht. Was das ist?
Das können Sie nur sich selbst beantworten.

Was nehmen Sie mit aus diesem Kapitel?

- Wollen Sie wirklich? Dann lächeln Sie!

- Machen Sie sich Gedanken über Ihr Ziel.

- Machen Sie Ihre Hausaufgaben.

- Werden Sie besser, dann wird es Ihnen Spass machen – und dann lächeln Sie.

„Mit dem Satz `Besuchen Sie unsere Website` schicken viele

Unternehmer ihre Kunden in die Wüste."

Axel Haitzer

5. PreSales: Optimale Vorbereitung

Ich hoffe Sie haben bereits eine Idee, worum es beim Verkaufen geht. Lassen Sie uns also weiter machen. Die optimale Vorbereitung findet bereits VOR dem eigentlichen Kundengespräch statt. Im Folgenden erfahren Sie, wie Sie sich am besten auf ein erster Gespräch zur Akquise vorbereiten.

Wenn Sie telefonieren möchten – und ich empfehle Ihnen das bevor Sie eine Mail schreiben, sollten Sie dafür sorgen, dass man Sie gut versteht und Sie das Gegenüber ebenfalls gut hören können. Sie brauchen am besten ein Headset oder Kopfhörer mit Mikrophon, damit Sie die Hände zum mitschreiben frei haben und aus eigener Erfahrung: ein Stehpult. Ja richtig, stehen Sie! Aber laufen Sie nicht unbedingt rum, ausser Sie sind schon sehr geübt. Wenn Sie jedoch stehen, wird Ihre Stimme voller, Ihr Auftreten sicherer und Ihre Energie wird besser spürbar. Wenn Sie kein Stehpult haben, nehmen Sie eine kleine Kiste und stellen diese auf Ihren Tisch und darauf den Laptop oder Ihr Buch oder Ihren Block. Haben Sie einen Telefonleitfaden (Kapitel 11) in Sichtweite auf der einen Seite und Ihre Einwandsliste (Kapitel 13) auf der anderen Seite –zu beiden Themen kommen wir noch.

Was Sie tun sollten

- Stehen Sie aufrecht und atmen Sie tief durch

- Halten Sie Schreibmaterial und einen Block bereit.

- Halten Sie Ihren Kalender beziehungsweise Ihre Agenda für
  Termine bereit.

- Die Webseite des Kundenunternehmens auf dem Laptop oder
  Computer.

- Halten Sie Ihren (Telefon-)Leitfaden für einen sicheren Ablauf
  bereit.

- Schauen Sie auf Ihre Einwandsliste wenn Sie nicht weiter kommen.

- Führen Sie eine Statistik der Ja und Neins!

Lassen Sie mich den letzten Punkt kurz erklären. Warum sollten Sie eine
Statistik führen? Warum ist es wichtig, dass Sie sehen wie oft Sie ein
Nein erhalten haben? Denken Sie stets daran, dass man nicht immer
gewinnen kann! Sie können der beste Verkäufer der Welt sein, aber
werden dennoch immer wieder auf Kunden treffen, bei welchen es nicht
zu einem Abschluss kommen wird. Das hat nicht unbedingt etwas damit
zu tun, dass Sie unsympathisch, Ihre Taktik falsch war oder Ihr System
nicht funktioniert. Vielmehr gibt es einfach Kunden, bei denen es leichter
oder schwerer ist, oder die aus anderen Gründen nicht an einem Verkauf
interessiert sind. Dennoch sollten Sie auch in diesem Fall das Gespräch

analysieren und Ihre Schlüsse ziehen und es aufschreiben.

Denn: Sie brauchen eine Quote! Und zwar Ihre Erfolgsquote. Die wird Anfangs vermutlich bei 10 Anrufen und 1 positiver Antwort sein. Und dann wir sie besser. Aber Sie müssen immer viel mehr Aufwand betreiben für wenig Ertrag anfangs. Das gehört dazu. Ich zeige Ihnen gleich, wie Sie diesen Erfolg langsam maximieren können. Welche Tools und Systeme es gibt und vor allem: wie Sie das richtige Ziel definieren.

Denn Achtung: machen Sie sich von vornerein klar, was Sie wollen. Wollen Sie Termine? Wollen Sie Online-Demos? Wollen Sie mehr über den Kunden erfahren? Steigen Sie nicht gleich mit der Idee ein, zu verkaufen also abzuschliessen. Das mag funktionieren nach einer Erfahrung und wenn Sie genügend Sicherheit haben. Aber Anfangs wollen Sie vor allem: Termine und Präsentationen die wirklich Sinn machen.

Was verstehen wir unter Terminen die wirklich Sinn machen? Nun Sie wollen weder Ihre noch die Zeit Ihres potentiellen Kunden verschwenden. Aber viele Menschen haben genügend Zeit und hören sich Ideen und Präsentationen gerne an. Manche Menschen machen sich auch gerne wichtig auch wenn Sie nicht entscheiden können. Dann reisen Sie an, präsentieren Sie und hören ein „wir melden uns, sobald wir es intern besprochen haben". Das wollen wir nicht. Aber wie können Sie die

Spreu vom Weizen trennen? Und wie können Sie Ihre Erfolgsquote steigern? Darum geht's im nächsten Kapitel.

Was nehmen Sie mit aus diesem Kapitel?

- Seien Sie mental vorbereitet.

- Lächeln Sie.

- Üben Sie vorher.

- Stehen Sie und haben Sie alles in Griff- oder Sichtweite.

- Haben Sie ein klares Ziel (Gesprächstermine die Sinn machen oder Verkäufe).

- Führen Sie eine Statistik und verbessern Sie diese laufend.

6. PreSales: Ziele setzen, Ziele erreichen

Vielen Dank an dieser Stelle, dass Sie immer noch aufmerksam meinem Buch folgen und das Sie sich für dieses Werk entschieden haben. Lassen Sie es uns also angehen und weitermachen. In diesem Kapitel befassen wir uns mit Ihren Zielen und damit, wie Sie diese Ziele auch erreichen.

Sie müssen messen um eine Quote zu berechnen und Sie müssen Ziele haben, von denen Sie die Quoten dann hochrechnen können. Folgende Informationen sollten Sie daher erfassen:

- Anzahl der Kontakte

- Anzahl der Kontaktaufnahmen

- Anzahl der Gespräche

- Anzahl der Abschlüsse und deren Höhe

- Ziele gleich Abschlüsse

Ganz wichtig: Seien Sie stets ehrlich zu sich selbst. Eine Quote von 1:20 ist am Anfang normal. Sie sollten es sich dann zum Ziel machen, diese auf 1:10 herunter zu bringen. Wirklich gute Verkäufer schaffen schon mal 1:6 oder 1:5. Das heisst aber auch immer: Fünf Kontakte sagen nein, einer sagt ja. Gewöhnen Sie sich daran.

Was nehmen Sie mit aus diesem Kapitel?

- Wenn Sie es nicht messen können, können Sie es nicht verbessern.

„Der PC und eine noch so „tolle" Software machen aus schwachen Verkäufern keine Verkaufskanonen, sie steigern auch keinen Umsatz und erhöhen keine Effizienz. Die Investitionen in Hardware, Software ergeben lediglich ein Werkzeug, mit dessen Hilfe ein gestecktes Ziel schneller erreicht wird."

Larry Ellison (CEO Oracle)

7. Sales: Brauchen wir im Verkauf Systeme?

Wir sind schon recht weit gekommen. Lassen Sie es uns also weiter machen. In diesem Kapitel befassen wir uns mit der Frage, ob wir im Verkauf ein System beziehungsweise ein Konzept benötigen, um erfolgreicher zu verkaufen.

Wie in den meisten Fällen gibt es auch in der Akquise kein Erfolgsrezept das zu 100% und in jedem Fall funktioniert. Dennoch kann ein gewisses System oder Konzept im Verkauf nicht schaden. Wichtig ist dabei jedoch, dass das Konzept beziehungsweise das System stets flexibel bleibt, denn jeder Kunde ist anders und Sie sollten sich und Ihr System auf jeden Kunden individuell anpassen, denn nur so gelangen Sie zum Abschluss und damit zum Erfolg.

Machen Sie sich folgendes klar: Meister der Akquise, sind Meister der Fragen! Bringen Sie die Wünsche und die Probleme Ihrer Kunden in Erfahrung und beantworten Sie eventuell offene Fragen. Darüber hinaus kann es hilfreich sein, sich mit den Entscheidungskriterien des Kunden auseinander zu setzen – das heisst, Sie müssen danach fragen. Nur wenn Sie Ihren Kunden kennen, können Sie auch erfolgreich verkaufen. Ebenso wichtig ist es, die Kundenwünsche zu priorisieren und sich auf diese Einzustellen. Sie können und müssen den Kunden sicherlich beraten, jedoch steht der Kundenwunsch stets an oberster Stelle und nicht das, was Ihrer Meinung nach am besten für den Kunden ist. Darüber hinaus ist es wichtig, dass Sie auch auf die persönlichen Bedürfnisse des Kunden und vor allem des Kunden als Menschen eingehen. Es spielt keine Rolle, was ein Produkt kann und was nicht. Entscheidend ist, was das Produkt dem Kunden bringt und warum er es benötigt.

Wir unterscheiden dabei zwischen den Merkmalen, sowie deren Vorteil und Nutzen. Merkmale sind Eigenschaften, Features, oder Bestandteile eines Produkts. Vorteile hingegen zeigen, in wie weit die verschiedenen Merkmale für den Kunden eine Hilfe sein können. Der Nutzen ist immer konkret greifbar und individuell für die einzelnen Kundenbedürfnisse.

Wie funktioniert ein Sales Funnel?

Ein Sales Funnel, oder ein Trichter, ist nichts anderes als ein System zur Sammlung von (kalten oder warmen) Kontakten (sprich Leads). Diese Leads wollen Sie in Interessenten umwandeln und in eine Pipeline führen zur Nachbearbeitung. Ein Sales Funnel ist also ein Einstieg, wie Sie an diese Kontaktdaten kommen können. Das kann das Telefonbuch, eine Mitgliederliste oder ein Newsletter System sein. Wichtig ist nur: Sie brauchen ein zig-faches an Kontakten, da wir anfangs ja zwanzig Absagen erhalten werden. Heisst. Ein Interessent bedeutet zwanzig Kontakte.

Wie funktioniert eine Pipeline?

Mit dem Vertriebspipeline-Konzept können Sie im Vorfeld nicht nur planen, wie viele Akquise-Massnahmen Sie durchführen müssen. Sie wissen darüber hinaus auch genau, wann welche und wie viele Massnahmen notwendig sind, um Ihr gesetztes Ziel zu erreichen.

Stellen Sie sich eine Pipeline bildlich als eine Röhre vor. Eine Röhre, die allerdings etwas schmaler wird am Ende. Ganz am Anfang beziehungsweise links stehen die **Kontakte**, also diejenigen die ein "potenzielles Interessente" haben und die Sie in die Phase "Interessenten" überführen können. Diese Spalte beziehungsweise Phase nennen wir Kontakte. Gleich daneben rechts, kommt die Spalte „**Leads**". Das sind Kontakte, welche wir als „Interessenten" gewonnen haben. Lead kommt aus dem Englischen und bedeutet „Datensatz". Ein Lead ist also ein qualifizierter Interessent, der sich für Ihre Firma oder Ihr Produkt interessiert, und der eindeutig über seine Kontaktdaten und Absichten umgewandelt werden konnte. Darum auch Lead = Datensatz. Sie möchten, dass vom Kontakt zum Interessenten sprich Lead ein **Termin** wird. Der Termin zeigt an, wann Sie diese Person treffen oder ein Telefonat führen um etwas mehr zu erfahren. Nach dem Termin folgt die Phase **Nachfassen** – hier entscheidet sich, ob Sie eine **Offerte** einreichen dürfen oder nicht. Nach de Offerte kommt die Phase

Entscheid. Und damit haben wir das System auch schon.

Grafisch sieht diese Pipeline dann in etwa so aus.

Kontakt	Lead	Termin	Nachfassen	Offerte	Entscheid

Sie können das System in einem Microsoft Excel oder Google Spreadsheet führen oder eine Software verwenden. Ich persönlich verwende Pipedrive und bin sehr zufrieden.

Was Sie nun brauchen ist eine Quote und ein Faktor Zeit. Entweder Sie kennen Ihre Quoten und Zeiten oder Sie schätzen sie. Als Beispiel kann ich Ihnen mitgeben, mit **1 zu 10 anzufangen bei der Quote** und **beim Abschluss sechs Monate**. Sechs Monate sagen Sie? Das kann je nach Branche (Dienstleistung oder Industrie) sehr lange oder sehr kurz sein. Nun lassen Sie mich folgendes einbringen: je nach dem wo Sie im Jahr stehen (eher drittes oder erstes Quartal) wissen Sie, dass Entscheide über einer gewissen Summe ihre Zeit benötigen. Oftmals alles über 5000 Franken oder Euro oder Dollar benötigt eine zweite Unterschrift und beim zehnfachen Investment oftmals noch eine Einkaufsabteilung. Unternehmer und Startups tendieren eher dazu, zu positiv zu denken: Abschluss in 2, 3 oder 4 Wochen. Aber das stimmt selten. Ausser es ist Oktober oder November und das Budget muss noch aufgebraucht werden, damit nächstes Jahr gleich viel zur Verfügung steht. Das ist ein

Glücksfall. Aber zum Thema wie lange es dauert zum Entscheid: Fragen Sie. Ja das dürfen Sie! Wir kommen später noch darauf zurück und es hilft Ihnen ausserdem rauszufinden, ob die Person, welche Sie fragen, auch Entscheidungen fällen darf. Dazu später mehr.

Nun wissen Sie, wie viele Leads (Akquise-Projekte) Sie je Phase benötigen, um 1 Neukunden zu gewinnen, nämlich 120. Genau, am Anfang haben Sie je Phase eine Quote von 1:10, das heisst, wenn Sie einen Positiven Entscheid brauchen, sind das (theoretisch) 10 Offerten, 100 Termine, 1000 Leads und 10'000 Adressen sprich Kontakte. Sie denken: das ist ja Wahnsinn! Wer soll das denn schaffen? Nun, das ist die Theorie und vermutlich werden Sie je Phase auch etwas besser, sprich vom Kontakt zum Lead ist es 1:10, vom Lead zum Termin eventuell 1:5 und vom Termin zur Offerte 1:3. Aber anfangs wissen Sie das nicht und darum tragen wir das mal als „Hausnummer" so ein.

Jetzt wissen Sie, dass 10'000 Adressen enorm viel sind, und Sie müssen dem auch eine zeitliche Ebene geben. Und zwar eine realistische. Nehmen wir an, Sie wollen 10'000 Kontakte anrufen, und rechnen mit „nur" 15 Minuten, so brauchen Sie für diese Phase fast 12 Stunden, also zwei bis 3 Tage. Danach sind Sie aber kaputt. Seien wir besser realistisch und sagen wir, Sie schaffen 6 Anrufe in der Stunde und reservieren sich jeden Tag 2 Stunden dafür, dann sind das 12 Anrufe, ein paar erreichen

Sie nicht, machen wir also 25 daraus. 25 Kontakte je 120 Minuten. Jetzt kennen Sie die Dauer Ihres Verkaufszyklus **Kontakt**, d. h. wie lange Sie im Schnitt benötigen, um vom Erstkontakt bis Lead zu kommen. Dieses Beispiel rechnen Sie weiter. Für jede Phase mal mit 2 Stunden und was dabei raus kommt. Der schöne Nebeneffekt: Dadurch wissen Sie, wann Sie mit Ihren Akquise-Massnahmen starten müssen, um Ihre Ziel rechtzeitig zu erreichen: Nämlich zum Datum der gewünschten Zielerreichung minus der Dauer Ihres Verkaufszyklus

Rechnen wir also das Ganze durch pro Woche (im Monat einfach mit dem Faktor 4 rechnen, also vier mal mehr):

Kontakt	Lead	Termin	Nachfassen	Offerte	Entscheid
2 Stunden	2 Stunden	-	2 Stunden	-	
25	2 – 3	1	1	1	1

Fällt Ihnen etwas auf? Zum einen haben wir mit 2 Stunden 25 Kontakte, das sind also 100 Kontakte im Monat und ca. 8 bis 12 Leads oder 1 bis 4 Termine. Mit diesem System wissen Sie nun, dass Sie für einen „Zyklus" rund einen Monat brauchen für einen Entscheid, obwohl Sie noch nicht wissen, wie lange der effektive Termin, die Offerte und der Entscheid dauern wird. Ein Termin von einer Stunde bringt sicherlich etwas, wenn das Produkt genügend teuer verkauft werden kann und oder auch Ihre

Provision oder der Verdienst stimmt. Ansonsten müssen Sie das Ganze so organisieren, damit es sich für Sie auch lohnt. Probieren Sie es einmal aus, auf der nächsten Seite können Sie das System beliebig testen.

Woche	Kontakt	Lead	Termin	Nachfassen	Offerte	Entscheid
1	2 h	2 h	-	2 h	-	
#						
%						
2						
#						
%						
3						
#						
%						
4						
#						
%						

Sie sehen an dieser Tabelle, dass ich das Ganze auf 4 Wochen oder Wellen verteilt habe. Sie können das so machen, wie es Ihnen gefällt. Am besten, Sie probieren es einmal aus. Das # steht für die effektive Anzahl, das % für die Quote, welche Sie haben. Damit können Sie auf Monats- oder Wochenbasis auch gut vergleichen und besser werden.

Was nehmen Sie mit aus diesem Kapitel?

- Sie brauchen mehr Zeit als Sie anfangs denken.

- Seien Sie vorbereitet in Sachen Zeit und Aufwand.

- Führen Sie diese Statistik und werden Sie besser.

„*Es ist nicht der Unternehmer, der die Löhne zahlt, er übergibt nur das Geld. Es ist das Produkt, das die Löhne zahlt.*"

Henry Ford

8. Sales: Die Ja-Treppe

Im folgenden Thema befassen wir uns mit Think Limbic beziehungsweise der lymbischen (Ja-) Treppe. Think Limbic verrät Ihnen, warum Menschen sich in manchen Situationen nach einem bestimmten Muster verhalten. Der Grund dafür liegt im Aufbau unseres Gehirns. Das eigentliche Steuerungs- und Machtzentrum des Menschen liegt nämlich nicht in seinem Grosshirn, sondern in einer entwicklungsgeschichtlich weit älteren Hirnregion ganz weit hinten versteckt aus der Zeit der Höhlenmenschen. Dabei handelt es sich um das sogenannte limbische System. Dieser Teil des Hirns übernimmt durch limbische Befehle einen Grossteil der Steuerungs- und Koordinationsaufgaben. Dabei werden Verhaltensweisen bevorzugt, die sich in der Entwicklungsgeschichte des Menschen, in der Vergangenheit, als erfolgreich zum Überleben des Höhlenmenschen bewährt haben. Wer diese limbischen Befehle kennt, kann die Muster, die unbewussten Handlungen zu Grunde liegen, besser verstehen und zu seinem eigenen Vorteil nutzen. Hinweis: ich bin kein NLP oder sonstiger Trainer, jeder darf und soll machen was er oder Sie für wichtig und richtig hält. Ich gebe nur meine Erfahrung wieder, diese dürfen Sie aber gerne mit anderen Techniken kombinieren.

Fangen wir beim Ursprung an und bleiben bei den Höhlenmenschen. Ein für uns Menschen häufiges und wichtiges Problem ist die Einschätzung anderer Menschen, insbesondere von Fremden, denen wir erstmals

begegnen. Die Frage, die wir uns - ausgelöst durch unser limbisches

System - stellen, lautet, einfach betrachtet: Handelt es sich um einen

Feind oder um einen Freund? Es ist ja schliesslich hinlänglich bekannt,

dass wir Menschen schnell zu Vorurteilen neigen, ganz getreu dem alten

Sprichwort: "Der erste Eindruck zählt und das nicht nur beim Mammut."

Weniger bekannt hingegen ist, welche Funktion mit diesen Vorurteilen

verbunden war und auch immer noch ist: Die schnelle und richtige

Freund- und Feinderkennung entschied bei unseren Höhlenmenschen

nämlich oft über Leben und Tod. Vor allem wenn fremde

Höhlenmenschen aufeinander trafen, war es wichtig, möglichst schnell,

wenn nicht sogar sofort und ohne den langen Umweg über den auch so

genannten *Neokortex*, schnelle Entscheidungen zu treffen und

entsprechend zu handeln. Unser limbisches System arbeitet deshalb mit

einem höchst einfachen Mechanismus, um die mit der Freund-und

Feindentscheidung verbundene kognitive Unsicherheit zu reduzieren. Es

orientiert sich dabei an Merkmalen unseres Gegenübers, die unseren

eigenen gleichen. Dies können zum Beispiel Dinge sein wie etwa

Auftreten, Kleidung und Stimme sein. Je mehr diese äusseren Merkmale

mit unseren eigenen übereinstimmen, desto sympathischer finden wir

unser Gegenüber und wollen wir etwas aufbauen mit der Person. Im eben solchen Umkehrschluss bedeutet das aber auch: Je weiter diese Merkmale von unseren eigenen abweichen, desto grösser ist die unbewusste Ablehnung, die sich in unserem Bewusstsein durch Gefühle wie Angst oder Antipathie bemerkbar macht. Dieser Freund- und Feind-Mechanismus erfüllt gleichzeitig noch einen weiteren wichtigen Zweck. Weil das Leben in Gruppen, wie wir gesehen haben, auch den egoistischen Genen hohe Vorteile bietet, wird durch die Sympathie, die ähnliche Menschen aufgrund dieses unbewussten Mechanismus in uns auslösen, der Zusammenhalt von Gruppen gefördert. Rituale, Erkennungszeichen, Uniformen, Stammestätowierungen oder Vereinsfarben und Kriegsbemalungen sind aus diesem Mechanismus heraus entstanden und zeugen von Zugehörigkeiten.

Doch nun zurück in die Gegenwart: In den Business-Alltag. Ziel ist ja hier, mit Fremden schnell ins Gespräch und - im Idealfall - auch ins Geschäft zu kommen. Ungebremst würde die Freund- und Feind-Kennung aber manches Geschäft verhindern. In der Praxis hat sich deshalb ein Trick bewährt, der das angeborene Misstrauen elegant aushebelt: Alle tragen die gleiche Kleidung, nämlich einen grauen oder schwarzen Anzug. Damit wird dem anderen vorgegaukelt, dass man zur gleichen Sippe wie er selbst gehört also ein Freund ist oder man trägt Sneakers, einen Bart, schminkt sich weniger stark, verzichtet auf knallige

Farben oder setzt gerade darauf Unbewusst baut sich so ein Vertrauensvorschuss für den Geschäftspartner auf. Ob dieser dann hält, was uns das Unbewusste verspricht, steht auf einem anderen Blatt. Ein zentrales Ziel ist es, die kognitive Unsicherheit zu vermeiden und für schnelle Orientierung zu sorgen. Offensichtlich gibt es in unserem limbischen System also spezielle unbewusste Programme, die genau diesen Zweck erfüllen. Es gibt jedoch noch ein weiteres, für uns Menschen sehr wichtiges Programm. Dieses lernen Sie nun kennen.

Damit ist das limbische Zentrum, auch wenn es auf den ersten Blick nicht so scheint, das eigentliche Machtzentrum im Kopf. Denn während wir mit Gedanken und Wissen viele Dinge und Aspekte steuern können, handelt das limbische System nach unserem Instinkt. Leider ist es aber so, das trotz aller Intelligenz und allem Wissens Vorurteile und schlechte Eindrücke nur schwer zu überbrücken sind. Das trifft vermutlich nirgendwo mehr zu, als bei einem Verkaufsgespräch. Ein Verkäufer, der dem Kunden unsympathisch ist, hat den Abschluss in 99% der Fälle bereits verloren. Das ist doof.

Darum ist es besonders wichtig, das limbische System bei Ihrem Gegenüber bereits vor dem Verkaufsgespräch anzusprechen. Nur so können Sie dazu beitragen, dass der erste Eindruck Ihres Kunden positiv ist und so Ihre Chancen auf einen Erfolg im Verkauf erhöhen. Dazu ist es wichtig, dass Sie sich auf eine Höhe mit dem Kunden begeben. Die gleiche Kleidung oder ein ordentliches und gepflegtes Aussehen sind dabei weniger von Bedeutung, als etwa eine sympathische und natürliche Repräsentanz. Der Kunde muss merken, dass Sie wirklich an Ihm interessiert sind, sich um Ihn kümmern und ihm nichts Böses möchten. Das mag auf den ersten Blick nicht einfach erscheinen und erfordert sicherlich etwas Übung, ist aber der einfachste Weg zum Erfolg.

Was nehmen Sie mit aus diesem Kapitel?

- Kleidung, Auftreten und Stimme wirken unterbewusst.
- Sie wollen Freunde und das möchten Sie auch zeigen.
- Manche Menschen werden Sie trotzdem nicht mögen, gewöhnen Sie sich daran.
- Zeigen Sie echtes Interesse und arbeiten Sie an den Softfaktoren.

„Geld macht keine Ideen, aber Ideen machen Geld."

Jacques Séguéla

9. Sales: Power Selling

Nun sind wir schon in Kapitel 9. Mehr als die Hälfte haben Sie schon geschafft. Schön, dass Sie immer noch dabei sind und vielen Dank, dass Sie sich für mein E-Book entschieden haben und durchhalten. Packen wir es also an und machen wir weiter mit dem Begriff des Power Selling. Sagt Ihnen das etwas?

Konzeption, **Umsetzung** und **Nachhaltigkeit** sind die drei wichtigsten Punkte im **Power Selling**. Es ist wichtig, gleich von Anfang an eine gute Atmosphäre zu schaffen. Basis dafür ist eine klare und verständliche Begrüssung in freundlichem Ton. Ausserdem gehört es dazu, dass Sie den Kunden den Kunden den Gruss erwidern lassen, das gilt persönlich wie auch am Telefon. Was wollen wir also beim Power Selling? Wir wollen ein klares Konzept, eine zeitnahe Umsetzung und einen nahhaltigen Erfolg. Wie schaffen Sie das? In dem Sie:

1. Vorbereitet sind.

2. Positiv eingestellt sind.

3. Ihr Gegenüber überraschen und zwar positiv.

4. Zu erkennen geben dass Sie ein Freund und kein Fein sind.

5. Ihre Absichten klar machen – oha – jetzt kommts...

Wie können Sie als Unternehmerin und Unternehmer, als Verkäuferin und Berater denn Ihre Absichten klar machen und trotzdem Freund bleiben. Mir war lange nicht bewusst, dass wir alle auch nur einen Job machen, der nichts mit uns als Person, sprich Privatperson zu tun hat. Denn ein Einkäufer muss günstig einkaufen, ein Facharbeiter muss effizient Dinge erledigen und eine Managerin muss ihre Zeit sinnvoll einsetzen. Ich bin dann im Laufe meiner Weiterbildung auf ein tolles Buch gestossen [von Tim Taxis „Heiss auf Kaltakquise"](#).

Darin umschreibt er eine Taktik als so genannten "Auf-den-Punk-Einstieg" und das Ergebnis ist wirklich verblüffend und gerade für uns Mitteleuropäer oder gar Schweizer eher ungewohnt. Herr Taxis propagiert nämlich „gleich zum Punkt zu kommen". Damit der Kunde kein „ich hab keine Zeit" Einwand zu Beginn bringen kann, wenn Sie sich melden oder die Person treffen, gibt es einen spannenden Hebel: Stellen Sie der Person die folgende Frage: *Darf ich gleich zum Punkt kommen?* So weiss der Kunde, dass Sie jetzt nicht noch minutenlang über irgendein Thema sprechen, sondern sofort zur Sache kommen. Das gibt dem Kunden die Sicherheit, dass Sie nicht seine Zeit vergeuden und er ist eher gewillt, Ihnen zuzuhören. Glauben Sie nicht? Probieren Sie es! Denn die Person wird sicherlich sagen „Ja bitte" und eventuell nachführen „Ich habe nämlich wenig Zeit" aber wenig Zeit ist besser als keine Zeit, oder?

Was nehmen Sie mit aus diesem Kapitel?

- Basis dafür ist eine klare, verständliche Begrüssung im freundlichen Ton.

- Lassen Sie den Kunden den Gruss erwidern und notieren Sie sich Aussprache des Namens.

- Dann folge der Auf-den-Punk-Einstieg von Herrn von Tim Taxis „Heiss auf Kaltakquise": Damit der Kunde kein «ich hab keine Zeit» Einwand zu Beginn bringen kann, gibt es einen Trick: Kann ich gleich zum Punkt kommen? So weiss der Kunde, dass Sie jetzt nicht noch minutenlang um irgendetwas sprechen.

„Verkaufen heisst, dem Kunden zu helfen, das zu bekommen, was er braucht, und ihm dabei ein gutes Gefühl zu vermitteln."

Ron Willingham

10.   Sales: Bekannte Fehler

Kennen Sie einen dieser Sätze?

- Haben Sie 10 Minuten Zeit?

- Darf ich Ihnen Unterlagen senden?

Viele Verkäufer und Kundenberater haben Glaubenssätze verinnerlicht, die ihr Verhalten negativ beeinflussen und ihren Verkaufserfolg schmälern. Weil Sie vor der Reaktion oder dem Feedback fürchten. Nur, wer hat schon 10 Minuten Zeit heute? Und wer denkt, dass Unterlagen gleich Verkaufserfolg bedeuten? Aber es gibt weitere, vielleicht sogar die häufigsten Irrtümer von Verkäufern.

Irrtum 1: Ein guter Verkäufer macht Small Talk

Bei vielen Verkäufern ist der Einstieg in ihre Verkaufsgespräche stereotyp, langweilig und nichtssagend. Sie reden übers Wetter, die Anreise oder etwas Ähnliches – unabhängig davon, ob das Thema sie selbst und die Kunden interessiert.

Dabei geht es in der Startphase eines Verkaufsgesprächs primär darum, einen möglichst guten ersten Eindruck beim Kunden zu erzeugen. Denn er entscheidet darüber, wie viel Aufmerksamkeit der Kunde dem Verkäufer schenkt und mit wie viel Respekt er ihm begegnet. Und was für das Verkaufen noch viel wichtiger ist: Der erste Eindruck entscheidet darüber, wie sympathisch der Verkäufer dem Kunden ist und ob er ihm vertraut.

Tipp: Seien Sie schon in der Startphase Ihrer Verkaufsgespräche anders als Ihre zumeist "langweiligen" Berufskollegen. Reden Sie beim Small Talk nur über Dinge, die Ihnen wirklich gerade aufgefallen sind, oder Themen, die Sie tatsächlich interessieren. Denn der Kunde merkt es sofort, wenn Sie sich ehrlich und ernsthaft für ihn (und sein Unternehmen) interessieren. Und genau das ebnet Ihnen den Weg zu einem wirklich guten, weil vertrauensvollen Verkaufsgespräch.

Irrtum 2: Ein guter Verkäufer glänzt durch Fachkompetenz

Noch immer bauen viele Verkäufer in ihren Verkaufsgesprächen primär auf ihre Fachkompetenz. Dabei setzen die gut vorinformierten Kunden von heute diese als selbstverständlich voraus. Also können Verkäufer mit ihr allein nicht glänzen. Zudem besteht gerade bei sehr fachkompetenten Verkäufern oft die Gefahr, dass sie sich in Details verlieren und viel zu viel reden – und zu wenig fragen sowie den Kunden zuhören.

Tipp: Bauen Sie stärker auf Ihre **emotionale** Kompetenz. Gewinnen Sie Ihre Kunden erst mal als "Freunde". Und finden Sie, bevor Sie ihnen fachliche Informationen geben, heraus, was für ein "Typ" der Kunde ist: Will er nur das Wichtigste wissen oder interessieren ihn gerade die

Details? Das erfahren Sie durch eine einfache Frage wie: "Lieber Kunde, wie wollen Sie informiert werden? Interessieren Sie nur die Highlights oder auch die Details?" Im ersten Fall fassen Sie sich bitte kurz, beim anderen Typ dürfen Sie gerne erzählen, wie Ihr Angebot genau funktioniert.

Irrtum 3: Ein guter Verkäufer hat besondere Fragetechniken

Die meisten Verkäufer fragen ihre Kunden zu wenig. Und die wenigen Verkäufer, die ihren Kunden ausreichend Fragen stellen? Sie "erledigen" dies meist mit einer bestimmten antrainierten und somit weitgehend standardisierten Fragetechnik. Natürlich sollte ein Verkäufer wissen, wann er offene, geschlossene und alternative Fragen stellen sollte, um zum Beispiel Entscheidungen herbeizuführen oder Informationen zu gewinnen. Doch wenn Sie als Verkäufer das Herz und den Verstand Ihrer Kunden zugleich ansprechen möchten, dann macht primär der Ton die Musik.

Tipp: Ihr Kunde sollte spüren, dass Sie aus echtem Interesse fragen und wirklich gespannt auf seine Antwort sind – unter anderem aufgrund Ihrer Stimme und Ihrer Art zu sprechen. Denn sie verraten ihm Ihre wahren Beweggründe.

Irrtum 4: Ein guter Verkäufer informiert seine Kunden

Viele Verkäufer haben das Credo verinnerlicht: Je umfassender ich meine Kunden informiere, umso kundenorientierter bin ich. Die Folge: Sie reden im Kundenkontakt so viel und lange, dass der Kunde innerlich abschaltet und keine Lust zum Kaufen mehr hat.

Tipp: Finden Sie durch Fragen heraus, was die individuellen Bedürfnisse des Kunden sind. Fragen Sie zum Beispiel "Was erwarten Sie von ...?" und "Was ist Ihnen persönlich besonders wichtig?". Und konzentrieren Sie sich dann auf die für den Kunden wesentlichen Punkte und beraten Sie ihn genau hierzu kompetent.

Irrtum 5: Ein guter Verkäufer ist ein "Wunsch-Erfüller"

Viele Verkäufer gehen vorschnell auf jeden Wunsch und jede (Rabatt-) Forderung von Kunden ein – primär weil sie Angst vor möglichen Konflikten haben. Dahinter steckt der Irrglaube: Je "netter" ich zu Kunden bin und je seltener ich zu ihnen "Nein" sage, umso besser ist mein Draht zu ihnen. Und gerade bei zu erwartenden Einwänden wie der Frage nach einem Preisnachlass möchte der Kunde spüren, dass der Verkäufer hinter seinem Produkt und dessen Preis steht. Denn das vermittelt ihm das Gefühl, dass er (preislich) nicht über den Tisch gezogen wird. Das setzt voraus, dass Sie als Verkäufer auf Einwände souverän reagieren und nicht sofort nachgeben und einknicken.

Tipp: Kunden lieben Verkäufer, die souverän und selbstbewusst, jedoch nicht arrogant wirken. Sie wollen, dass ihr Gegenüber von seinem Angebot überzeugt ist und dies auch ausstrahlt. Denn dies vermittelt ihnen das Gefühl von Sicherheit. Sagen Sie deshalb zu Kundenwünschen auch mal "Nein".

Irrtum 6: Gute Verkäufer drängen nicht zur Entscheidung.

Viele Verkäufer haben Angst vor einem möglichen "Nein" des Kunden am Ende des Verkaufsgesprächs. Deshalb dauern ihre Kundengespräche unnötig lang. Und oft vertagen sie die Kaufentscheidung des Kunden sogar selbst. Warum diese Angst vor einem "Nein"? Fühlen Sie sich als Verkäufer wirklich gut, wenn Sie viele (Schein-)Interessenten haben, die dann doch nicht kaufen? Oder ist es nicht viel zielführender, zeitsparender und stressfreier, wenn Sie wissen, wer ein echtes Kaufinteresse hat und sich auf diese Kunden konzentrieren?

Tipp: Haben Sie den Mut, die richtigen, weil wirklich kaufinteressierten und -bereiten Kunden zu qualifizieren. Und seien Sie gerade in der Abschlussphase Ihrer Verkaufsgespräche sehr verbindlich.

Fragen Sie Ihre Kunden nicht mehr, ob ihnen Ihr Angebot gefällt. Denn das sollten Sie im Gespräch zuvor gemerkt und durch Bestätigungsfragen wie "Haben Sie sich das genauso vorgestellt?" oder "Wie gut/sehr gefällt Ihnen das?" ermittelt haben.

Fragen Sie zum Schluss bitte nur noch "wann, was und wie viel..." der Kunde kaufen möchte oder „bis wann ein Entscheid durch wen denn realistisch wäre".

Was nehmen Sie mit aus diesem Kapitel?

- Versuchen Sie neue Wege zu gehen.

- Kommen Sie auf den Punkt.

- Werden Sie sich Ihrer Rolle bewusst. Sie verkaufen aber aus Interesse.

- Sagen Sie auch mal nein.

- Fragen Sie bis wann Sie mit einer Entscheidung durch wen rechnen können.

"Nur der Überzeugte überzeugt."

Joseph Joubert

11. Sales: Leitfaden für ein Gespräch

Langsam aber sicher kommen wir zum Endspurt. In diesem Kapitel erhalten Sie einen Leitfaden für ein Telefongespräch mit einem Kunden, mit dem Ziel eines Abschlusses für einen Termin beziehungsweise eine Demo vor Ort. Nehmen wir als Beispiel ein Gespräch zwischen einem Kaffeemaschinen.Dienstleister und dem Geschäftsführer eines KMU:

Das sagt der Anrufer	Besser als:	Wirkt, denn:
Guten Morgen Herr Frischknecht, mein Name ist Roger Müller von der Firma Kaffe-Genuss (Pause) Antwort: Guten Morgen Herr Müller	„Mein Name ist Schmidt von Schmidt IT. Wir sind der führende Anbieter für ...“	Man lässt dem Angerufenen die Möglichkeit, die Begrüssung zu erwidern – was jeder automatisch tun wird.
„Herr Frischknecht, darf ich gleich zum Punkt kommen?“ „Ja bitte, gern.“	„Hätten Sie zehn Minuten Zeit für mich?“, „Kennen Sie uns schon?“	Im Gegensatz zu „Hätten Sie ...“- Einstiegen, die alle ein „Nein“ ermöglichen, werden bei der Auf-

den-Punkt-Frage so gut wie alle mit einem „ja" antworten wird – jeder ist dankbar, wenn er vermittelt bekommt, dass kein unabsehbar langes Gespräch folgen wird.

„Herr Frischknecht, wir möchten ihr Kaffee-Lieferant werden, aber nur, wenn das für Sie auch wirklich Sinn macht. Dazu habe ich eine Frage, ist das für Sie ok?"

Antwort:

„Ja, wenn sie wirklich kurz ist."

„Ich habe ein tolles Angebot für Sie, das sehr interessant für Sie sein könnte."

Alle Fragen, die angerufene Entscheider unbewusst stellen, werden beantwortet – man macht deutlich, dass sich der in Anrufer in der Welt des Kunden befindet – und es ihm um dessen Interessensabfrage geht.

„Wenn es eine Sache im Bereich Kaffee-Einkauf gibt, die nicht immer so läuft, wie Sie sich das wünschen, welche eine Sache ist das?"

Antwort:

„Nun die Lieferung ist mir nicht schnell genug."

„Wie müsste denn die Lieferung sein, damit es besser wäre? Was meinen Sie?"

Antwort:

„Sie müsste mindestens innert 24 Stunden passieren."

„Wunderbar, dann macht

„Ich würde Sie gern davon überzeugen, dass wir im Preis und in der Leistung besser als unsere Konkurrenten sind."

„Wir würden uns freuen, wenn Sie unser Angebot einmal prüfen würfen."

„Gerne sende ich

Mit einer solchen Frage zeigt ein Anrufer echtes Interesse am Kunden. Wieder ist er in der Welt des Kunden – nicht in seiner. Der Kunde behält das Gefühl der Kontrolle, indem die offene Frage ihm Gelegenheit gibt, zu sprechen .

Die Frage nimmt die Formulierung des Kunden auf und vertieft den Aspekt.

Indem der Anrufer die

ein gemeinsames Gespräch auf alle Fälle Sinn. Wir haben nämlich eigene Lieferanten – wie das geht, zeige ich ihnen in der nächsten Woche. Machen Sie sich ein Bild – wann passt es Ihnen denn optimal? Wäre Dienstag ok?

Antwort

„Hmm.. Dienstagnachmittag wäre mir lieber."

Ihnen unser Angebot einmal per Mail zu – oder komme gleich bei Ihnen direkt vorbei ..."

Antwort wiederholt und gleich einen Vorschlag macht (konkret) wird so ein Termin wird sehr sicher klappen – niemand erhebt Einwände gegen seine gerade ausgesprochenen Formulierungen.

Was nehmen Sie mit aus diesem Kapitel?

- Führen Sie sich zum Ziel indem Sie nach dem Problem fragen.
- Lassen Sie den Kunden selbst mit der Lösung antworten.
- Wiederholen Sie die Antwort.
- Machen Sie einen konkreten Termin Vorschlag.

"Es findet immer ein Verkauf statt. Entweder verkaufen Sie dem Kunden ihr Produkt. Oder der Kunde verkauft Ihnen sein Nein."

David Ogilvy

12.   Sales: Gute Gesprächseinstiege

Es ist wichtig, gleich von Anfang an eine gute Atmosphäre zu schaffen. Basis dafür ist eine klare, verständliche Begrüssung im freundlichen Ton. Lasst den Kunden den Gruss erwidern. Den „Darf-ich-auf-den-Punkt-kommen-Einstieg" von Tim Taxis „Heiss auf Kaltakquise" haben wir bereits kennen gelernt. Nochmals zur Wiederholung: Sie wollen verkaufen und dem Kunden auch vermitteln, dass weder er noch Sie Zeit verschwenden möchten. Ausserdem wollen Sie die lymbische „JA" Treppe hoch kommen. Sie brauchen also eine positive Emotion, einen Überraschungseffekt und ein Ja. Natürlich müssen Sie diesem Versprechen dann auch nachkommen und dürfen sich nicht noch in Details und Small-Talk verlieren.

Kennen Sie die Erwartung Ihres Gegenübers?

Wenn Sie jemanden kontaktieren, treffen oder anrufen, dann will diese Person immer diese Fragen (unbewusst) beantwortet erhalten:

1. Wer ist das?
2. Was will er oder sie?
3. Wie lange dauert es?
4. Handelt er oder sie in meinem Interesse?
5. Was bringt es mir wenn ich weiter zuhöre?

Es ist wichtig, einen **thematischen** Fokus zu setzen und genau zu sagen, was Sie möchten. Entscheidungen sollten Sie **gefühlt** dem Kunden überlassen. Die Gesprächsführung kann und sollte man dennoch jederzeit durch Fragen beibehalten. Bitte verabschieden Sie sich vom altbekannten Schema F Schema der Gesprächseinstiege. Diese sind von gestern und kein Kunde möchte diese heute noch hören. Brechen Sie vielmehr das Muster in der Wahrnehmung des Kunden. Damit heben Sie sich erfrischend von allen anderen Anrufern ab und erhöhen Ihre Chancen auf Erfolg enorm. Das kann auch manchmal etwas direkter sein, wie in diesem Beispiel:

Sie: „Hallo Herr Reusser, darf ich gleich zum Punkt kommen!?"

Er: „Ich bitte darum."

Sie: „Ich gehe sicherlich Recht in der Annahme, das Sie bereits Partner für Ihre Abfall-Logistik haben, oder!?"

Er: „Ja, wir arbeiten schon seit Jahren mit demselben Partner und sind auch sehr zufrieden!"

Sie: „Spitze, das ist auch der Grund meines Anrufs bei Ihnen heute: Denn Unternehmen, die bereits langjährige Partner haben, nutzen uns in Ergänzung, wenn es um Spezialabfälle und sensible Daten geht. Welche sensiblen Daten oder Sonderabfälle haben Sie in diesem Bereich?"

Oder wenn Sie die Person total aus dem Konzept bringen wollen:

Sie: „Herr Reusser, ich bin sicher, heute in einem Jahr werden Sie sagen: Gut, dass Sie mich dieser Typ vor einem Jahr angerufen haben und mir seine Abfalllösung präsentiert hat. Herr Reusser, was muss zwischen heute und in einem Jahr passieren, dass Sie genau das sagen werden?"

oder

Sie: „Herr Reusser, darf ich gleich zum Punkt kommen!?"

Er: „Gern, ich muss nämlich in 5 Minuten Minuten in mein nächstes Meeting."

Sie: „Perfekt – es dauert nämlich 3 Minuten 20 Sekunden. Wir möchten Ihr Abfallpartner werden – aber nur, wenn das für uns beide wirklich Sinn macht , dazu hab ich zwei kurze Fragen an Sie, ist das ok?"

Die hier vorgestellten Gesprächseinstiege sind meine persönlichen Favoriten auch inspiriert von Tim Taxis „Heiss auf Kaltakquise". Wenn Ihnen eine der Fragen so gut gefällt, dass Sie sie 1:1 verwenden möchten, egal ob in Deutschland der Schweiz oder Österreich, dann probieren Sie es aus. Und lassen Sie sich nicht entmutigen auch „Ihren" Weg mit Ihren Fragen und Techniken zu gehen.

Ihr Gegenüber hat drei Mal ja gesagt

So, nun ist es soweit und Ihr Gegenüber hat drei mal Ja gesagt. Das ist keine goldene Regel, sondern eher der Idealfall. Vier oder fünf Ja und auch manchmal ein Nein sind alle ok. Was Sie wollen ist eine positive Emotion und Sie wollen dass es weiter geht. Dazu müssen Sie folgendes beachten und formulieren:

1. Wie geht's nun weiter? Erläuterung des weiteren Prozedere.
2. Bekräftigung der Kundenentscheidung in seinen Worten.
3. Nochmals eine positive Emotion zum Abschluss und ein Lächeln.

Was nehmen Sie mit aus diesem Kapitel?

- Sorgen Sie für überraschende Einstiege aber auf Ihre Art.
- Reformulieren Sie die Antwort des Kunden in Ihren Worten.
- Führen Sie das Gespräch zum Ziel und bleiben Sie positiv.

„Effizienz ist keine Frage der Zeit.“

Lee Iacocca

13. Sales: Einwände erfolgreich behandeln

Das klang jetzt alles sehr positiv. Und wir erinnern uns: unsere Quote ist irgendwo zwischen 1:10 und 1:20. Und selbstverständlich werden gerade am Anfang 8 von 10 Personen sagen: Ach das will ich nicht. Also befassen wir uns mit dem unbeliebten Thema der Einwände: eine der grössten Herausforderungen im Verkauf, auf die Sie ohne Zweifel eher früher als später treffen werden. Mit den folgenden, ausgewählten Techniken für häufige Einwände erfahren Sie, wie Sie auch dann noch im Gespräch und auf dem Weg bleiben, wenn dieses eigentlich schon zu Ende war.

Dies sind die häufigsten Einwände der Kunden:

- Ich habe keine Zeit.
- Wir sind bereits ideal versorgt oder wir haben derzeit kein Bedarf.
- Daran hab ich kein Interesse.
- Schicken Sie mir erst einmal was zu.

Welche Varianten funktionieren wann?

- Keine Zeit oder versorgt: die Vorwegnahme-Technik
- Kein Bedarf die bedingte-Zustimmungs-Technik
- Kein Interesse: die Gegenfrage-Technik
- Zustellen von Unterlagen: die Humor-Technik

Die Vorwegnahme Technik

Die Vorwegnahme-Technik funktioniert ganz einfach: Sprechen Sie den möglichen Einwand selber aus und nehmen Sie diesem dem Kunden quasi bewusst weg. Wenn der Kunde sagen könnte: „Ich hab keine Zeit!" Verwenden Sie den „ darf ich gleich zum Punkt kommen!?"-Einstieg.

Dasselbe geht auch beim „wir sind schon versorgt": Sie sagen zur potentiellen Kundin „Ich gehe sicherlich Recht in der Annahme, dass Sie bereits Partner für Ihr Problem ABC haben, oder?" „Ja, wir arbeiten schon seit Jahren mit demselben Partner und sind auch sehr zufrieden!"

Sie erwidern „Perfekt! Denn wir sind nicht in diesem Bereich tätig, sondern sind ergänzend. Aber damit ich Ihre Zeit nicht unnötig verschwende, habe ich zwei Fragen um zu sehen, ob ein Treffen wirklich Sinn macht, ist das ok?" Die Kundin sagt: „Ja." Sie fahren fort: „Wenn Sie jetzt an den Bereich XY Z denken und es da Ihre grösste Problematik denken, welcher eine Aspekt könnte das sein?"

Die bedingte Zustimmungs-Technik

Die Kundin sagt „derzeit haben wir keinen Bedarf" Sie antworten: „Frau Kundin, in Wahrheit ist Ihnen mein Anruf lästig, richtig?" Sie wohl eher verlegen: „Naja, Sie müssen auch verstehen ich bekomme viele Anrufe von Leuten wie Ihnen…" Sie reagieren mit: „Klar, das versteh gut. Dann hab ich nur noch eine letzte Frage, ist das ok?" Sie: „Ok." Und Sie sind wieder zurück im Gespräch.

Die Gegenfrage Technik „Kein Interesse oder gut versorgt"

Sie fahren fort: „Wenn Sie jetzt an den Bereich XY Z denken und es da Ihre grösste Problematik denken, welcher eine Aspekt könnte das sein?" oder Sie fragen „Darf ich fragen, wie lösen Sie dieses Thema aktuell?"

Der Unterlagen-Einwand: „Schicken Sie mir erstmal was zu."

Wenn der Kunde sagt: „Schicken Sie mir erst mal was per Mail zu." Sie: „Gern. Aber seien Sie ruhig ganz offen und frei heraus: Sie möchten keine Unterlagen, in Wahrheit ist Ihnen mein Anruf lästig, oder?" Er: „Naja, wissen Sie, Sie müssen auch verstehen...man bekommt so viele Anrufe von Leuten wie Ihnen..." Da sagen Sie: „Gern. Ich sende Ihnen unsere intcraktiven Unterlagen, die sind neu, denen können Sie sogar Fragen stellen, kennen Sie sowas schon?" Er: „Nein, was soll das sein?"

Sie: „Die sind 1,78 gross und wiegen aktuell 75 Kilo und kommen direkt mit einer Tafel Schokolade zum Kaffee zu Ihnen!"

Was nehmen Sie mit aus diesem Kapitel?

*   Bereiten Sie sich auf Einwände vor

*   Nehmen Sie die Sache mit Humor

„Wer dauerhaften Erfolg will, muss sein Vorgehen ständig ändern."

Niccolò Machiavelli

14.   After Sales

Wir haben nun viel über das verkaufen und die Termine ausmachen, sowie deren Einwände gesprochen. Bewusst haben wir das Thema verhandeln ausgelassen, darüber liesse sich ein eigenes Buch schreiben, oder Sie lesen das tolle Buch von Jack Nasher „Deal". Ich bin selbst kein Psychologe, aber Jack Nasher schon. In seinem Buch lernen Sie, wie wenige Sekunden über grosse und kleine Gewinne entscheiden können und wie Sie diese wenigen Sekunden nutzen können. Methoden der Verhandlung aus der Praxis und psychologische Techniken vermitteln Ihnen das Handwerkszeug für die nächste Verhandlung.

Auf was ich aber gerne eingehen möchte ist das Thema After Sales, sprich nach dem verkaufen. Als Unternehmerin und Unternehmer sind Sie vermutlich selbst nahe genug am Kunden und an der Kundin. Als selbständige Person um so mehr, als Verkäuferin und Verkäufer eventuell weniger. Dennoch ist es sehr wichtig, dass Sie den Kontakt nicht verlieren, denn man weiss heute, dass ein neuer Kunde fast sieben mal so viel kostet an Zeit, Geld und Aufwand, als ein Bestandeskunde. Darum sollten Sie schon vorher wissen, wann eine Kundin wieder einen Bedarf hat oder Sie kennen das Geschäft gut genug um proaktiv sein zu können. Davon mehr im nächsten, zweitletzten Kapitel.

„Erfolg hat nur, wer etwas tut, während er auf den Erfolg wartet.“

Thomas Alva Edison

15.   After Sales: Erfolgreiches nachfassen, Kunden auf- und ausbauen

Wenn Sie Ihre Kundinnen und Kunden gut kennen, haben Sie schon einen grossen Vorteil: diese werden sich nämlich an Sie erinnern, wenn Bedarf besteht. Aber noch besser wäre es, wenn Sie einen Dialog aufbauen könnten, also stets in Kontakt bleiben mit den Kundinnen und Kunden oder auch mit solchen, die es noch werden könnten. Aus der Praxis heraus kann ich sagen, dass ein monatliches „Hallo" schon Wunder bringen kann. Dabei können Sie auch gut auf Tools wie Newsletter (zB Mailchimp.com) zurückgreifen. Halten Sie den Dialog und schauen Sie, wie und wann Kundinnen und Kunden auf Sie zu kommen. Bieten Sie jedes Mal an, dass Sie jederzeit auf einen Kaffee kommen oder telefonisch erreichbar sind. Planen Sie das fix ein. Wenn Sie diesen monatlichen Plan erstellen, beachten Sie dabei bitte folgende Kommunikationsregel: Bei 12 Mails (jeden Monat eines) sollten:

- 5 Mails Inhalte sein von anderen, renommierten Quellen welche Probleme Ihrer Kunden lösen könnten.

- 3 Mails sollten Inhalte von Ihnen sein, aber keine Verkaufsunterlagen sondern Informationen, die Sie teilen möchten und Ihren Kundinnen und Kunden helfen könnten.

- 2 Mails sollten persönlich sein, ein Update aus der Firma oder dem Team, ein Feriengruss oder ein Geburtstagswunsch.
- Bleiben 2 Mails in denen Sie über Produkte und Neuigkeiten sprechen können und auch etwas verkaufen dürfen. Am besten planen Sie diese im ersten und dritten Quartal ein.

Was nehmen Sie mit aus diesem Kapitel?

- Planen Sie eine regelmässigen Kommunikation mit den Kunden.
- Bleiben Sie persönlich – aus den Ferien oder zum Geburtstag.
- Trotz aller Technik: rufen Sie auch mal spontan an oder gehen Sie vorbei mit einer Tafel Schokolade und hinterlassen Sie diese bei nicht Anwesenheit.

„Das Unmögliche ist oft das, was noch niemand versucht hat."

Johann Wolfgang von Goethe

16.   5 Tools und 10 Tipps: zusammengefasst

Sie haben schon zahlreiche Tools im ganzen Buch kennen gelernt. Der Einfachheit halber, habe ich alle noch einmal zusammen gefasst und mit Links versehen. Ich nutze alle Tools selbst und kann sie gut empfehlen.

Beginnen wir mit den **5 Tools** und kommen dann zu **10 Tipps**

1. Sales Funnel? Pipedrive nutzen: www.pipedrive.com

2. Nichts vergessen? Follow-Up then nutzen: www.fut.io

3. Mailadressen finden? Email Hunter nutzen: www.emailhunter.co

4. Newsletter und nachfassen? Mailchimp www.mailchimp.com

5. Dinge automatisieren? Adressen backupen oder neue Mails verfassen? IF this THEN THAT nutzen: www.ifttt.com

15 Tipps um besser zu werden – monatlich anpassen

1. Follow Ups konsequent nachfassen! Verwenden Sie Tools dazu.

2. Telefonleitfaden erstellen – Ihren eigenen.

3. Einwandsliste bereit halten – Ihre eigenen.

4. Unterlagen immer mit Offerte versenden und gültig max 20 Tage, Rabatt wenn innert 5 Tagen Entscheid.

5. Im Gespräch: persönliche Gründe erkunden für Entscheide.

6. Fragen: Wie kann unsere Lösung Ihnen helfen? Was denken Sie?

7. Entscheidung beim Abschluss verlangen.

6. Nachhaken mit: Wer kann bis wann entscheiden

7. Messen Sie Ihre Erfolge und Misserfolge und nehmen Sie diese hervor, wenn es mal nicht so gut läuft.

8. Passen Sie laufend Ihren Telefonleitfaden an und werden Sie besser.

9. Passen Sie laufend die Einwände und Ihre Reaktionen in einer Checkliste an.

10.   Erarbeiten Sie Kundenerfolge und Erfolgsgeschichten und sprechen Sie darüber

Damit sollten Sie ein gutes Rüstzeug für Ihren Verkaufserfolg bereit haben – herzliche Gratulation dass Sie es soweit geschafft haben.

Vergessen Sie nicht: das ist ein Arbeitsbuch, lesen Sie es mehrmals und passen Sie gemäss Ihren Erfahrungen laufend Ihre Instrumente an.

17.   Zusammenfassung

Nun haben Sie es geschafft. Sie sind am letzten Kapitel dieses Buches angekommen und ich danke Ihnen für Ihr Vertrauen und Ihre Aufmerksamkeit und dafür, dass Sie sich für dieses Werk entschieden haben. Nach diesem Kapitel, welches die Inhalte des Buches noch einmal zusammenfasst, erhalten Sie einige nützliche Links, Tipps und Tricks sowie rechtliche Informationen an die Hand. Lassen Sie uns also zum Endspurt übergehen und loslegen.

Jeder Unternehmer und jede Unternehmerin, der oder die ein Produkt oder eine Dienstleistung anbietet, muss erfolgreich verkaufen können, um seine finanziellen Ziele zu verwirklichen.

Doch etwas zu verkaufen ist nicht einfach, wenn das Wissen oder die richtige Verkaufsstrategie fehlt. Denn niemand möchte sich etwas andrehen lassen, auch nicht, wenn er das Produkt oder die Dienstleistung benötigt. Abgedroschene Verkaufssprüche und die üblichen Verkaufstaktiken laufen ins Leere. Probieren Sie darum etwas Neues aus. Neue Verkaufsmethoden und Strategien sind gefragt, um erfolgreich zu verkaufen und Sie müssen es erlenen und besser werden.

Professionelle Vorbereitung ist der Schlüssel für ein erfolgreiches Verkaufsgespräch

Die richtige Vorbereitung beginnt mit einer sorgfältigen Zielanalyse. Welches Ergebnis soll durch den Verkauf entstehen. Der nächste Schritt ist, die Zielperson zu analysieren. Bestehen eventuelle Gemeinsamkeiten, gemeinsame Vorlieben? Es muss herausgefunden werden, welche Wünsche dem Kunden auf dem Herzen liegen, um ein gezieltes und massgeschneidertes Angebot unterbreiten zu können. Je besser der Verkäufer seinen Kunden, dessen Organisationsstruktur und Geschäftsgebaren kennt, desto wahrscheinlicher ist ein Verkaufsabschluss.

Den Fokus auf den Kundennutzen legen

Kunden interessiert es herzlich wenig, wie aussergewöhnlich, nützlich oder toll ein Produkt oder eine Dienstleistung ist. Denn eigentlich möchte der Kunde nur wissen, was ihm der Kauf für einen Nutzen bringt. Ein erfolgreicher Verkäufer stellt deshalb immer den Kundennutzen in den Mittelpunkt. Er zeigt die Vorteile konkret und greifbar auf und spricht das eigentliche Bedürfnis des Käufers an, womit er dessen ungeteilte Aufmerksamkeit gewinnt.

Der direkte Einstieg in das Verkaufsgespräch

Eine der beliebtesten Einwände, um den Verkäufer schon im Vorfeld abzuwimmeln, ist der Vorwand „keine Zeit". Ausufernde Vorgespräche sind für Kunden geradezu eine Einladung dazu, das Gespräch mit diesem Einwand zu beenden. Deshalb empfiehlt sich der "Auf den Punkt Einstieg". Mit der Frage "Kann ich gleich zum Punkt kommen?" wird dem Käufer signalisiert, dass nicht unnötig Zeit verschwendet wird.

Einwände richtig behandeln

Auf jeden Einwand gibt es eine Technik, welche die Skepsis und das Misstrauen des Kunden in Interesse und Aufgeschlossenheit umwandelt. Wer erfolgreich verkaufen möchte, sollte sich deshalb möglichst viele Varianten aneignen, die je nach Kunde oder Branche miteinander kombiniert werden können. Denken Sie dabei an:

- Die Vorwegnahme-Technik

- Der Bestandslieferanten-Einwand

- Die bedingte-Zustimmungs-Technik

- Die Gegenfrage-Technik

Erarbeiten Sie sich Ihre eigene, konkrete Checkliste und haben Sie sie immer an Ihrem Arbeitsplatz.

Ich wünsche Ihnen von Herzen viel Erfolg und Spass!

18.   Über den Autor

Roger Basler ist Betriebsökonom FH und Unternehmens-Architekt. Er ist seit mehreren Jahren Referent und Autor und bekannt für innovative Geschäftsmodelle. Als Digital Native und einer Vorliebe für Sprachen und fremde Länder, war er lange als Berater im Ausland (unter anderem in China, USA, Naher Osten sowie Nordeuropa) tätig. In seiner Funktion als Unternehmens-Architekt steht er etablierten Unternehmen und Startups in der Schweiz, Deutschland und Österreich in den Bereichen Business-Development, Digitales Marketing und e-Commerce als Investor und unternehmerisch beteiligter Berater zur Seite.

Er ist ausserdem Dozent bei Somexcloud (Social Media Academy), der KV Business School, dem IFJ (Institut für Jungunternehmer), sowie Autor diverser KMU Fachartikel und Bücher zu den Themen Startup, Produktivität, Zeitmanagement, Social Media und e-Commerce.

Seine Bücher und mehr Informationen finden Sie auf Amazon: https://www.amazon.com/Roger-Basler/e/B01H7BDB6O und auf Twitter finden Sie ihn unter @rogerbasler

19.   Buchempfehlung

Ich freue mich, wenn Ihnen mein Buch gefallen hat und möchte Ihnen an dieser Stelle ein Werk empfehlen, welches mich persönlich sehr inspiriert hat:

The One Thing

The Surprisingly Simple Truth Behind Extraordinary Results

ist die Nummer 1 der US Bestseller. Es geht in diesem Buch darum, wie man durch Bündelung seiner Energien auf ein Ziel sehr Grosses erreichen kann. Das persönliche "ONE Thing" – die eine, im Moment wichtigste, Sache – finden, sich für eine bestimmte Zeit ganz darauf konzentrieren, und so effektiver seine Ziele (privat oder beruflich) erreichen. Also eine Anwendung des Pareto-Prinzips: Nicht nur die 20% suchen, die 80% des Erfolgs ausmachen, sondern wirklich nur eine einzige Sache! Das ist leichter gesagt als getan, aber wie es gehen kann, erklären Gary Keller und Jay Papasan.

Buch auf Amazon: The One Thing:

20.   Haftungssausschluss

1. Auflage 2016, Autor, Herausgeber, Redaktion, Gestaltung (inkl.

Umschlaggestaltung), Texte, Bilder, Titelbild: Roger Basler

www.ingramcontent.com/pod-product-compliance
Lightning Source LLC
Chambersburg PA
CBHW040833180526
45159CB00001B/168

9 7 8 1 5 3 7 0 8 7 9 7 9